AF247968

AU PUBLIC.

Le Peintre

DE LA

FAMILLE DES JAUBERT.

AU PROFIT DES DÉTENUS POLITIQUES.

PARIS,

AU CABINET LITTÉRAIRE, RUE DE RICHELIEU, N° 11,

ET CHEZ LES MARCHANDS DE NOUVEAUTÉS.

1835.

AU PUBLIC.

Le Peintre

DE LA

FAMILLE DES JAUBERT.

AU PROFIT DES DÉTENUS POLITIQUES.

PARIS,

AU CABINET LITTÉRAIRE, RUE DE CHOISEUL, N° 12,

ET CHEZ LES MARCHANDS DE NOUVEAUTÉS.

1833.

IMPRIMERIE DE GŒTSCHY FILS, ET Cie,

RUE LOUIS-LE-GRAND, N° 35.

LE PEINTRE

DE LA

FAMILLE DES JAUBERT.

On lisait dans le Corsaire du 26 mai :

« Un spectacle aussi intéressant que nouveau,
» animait aujourd'hui les abords de la chambre
» des députés.

» Une échoppe ambulante s'y promenait
» fièrement, chargée de quatre portraits de
» famille, de dimension respectable, décorés
» chacun, non du ruban fatal, mais d'un fort
» élégant bouquet de paille. Cette exposition de

» plein vent était accompagnée d'un livret en
» forme de notice, dont voici la fidèle transcrip-
» tion :

Sur les rues et places publiques.

PORTRAITS DE FAMILLE,

MIS EN VENTE

Commandés et refusés par l'Héritier Présomptif.

N. 1 Portrait peint d'après nature , de M. le comte
JAUBERT , ancien gouverneur de la Banque
de France.

2. *Idem*, une Copie.

3. Le Portrait de M. JAUBERT, son frère, mort
à l'expédition d'Égypte.

4. Madame JAUBERT, sa Douairière, morte Baronne MICOU-DUMONT.

Tous peints par J. H. TAHAN,
Ancien élève de DAVID.

« L'échoppe circula tranquillement depuis
» onze heures jusqu'à six, malgré quelques vel-
» léités tracassières des huissiers et sergens de

» ville, et au milieu des témoignages non équi-
» voques d'hilarité que lui prodiguait la foule.
» Nous avons blamé hautement cette explosion
» de gaité intempestive, dont l'objet ne peut
» qu'être pénible pour un personnage aussi
» honorable que M. le comte Jaubert, député, de
» l'une des colonnes de l'école doctrinaire, et de
» plus, héritier direct des originaux jetés si ca-
» valièrement dans le commerce. »

Le public qui s'occupe assurément beaucoup de moi et de tous les Jaubert du monde, et a les yeux constamment tournés sur le brillant légis- lateur qui soutient aujourd'hui l'honneur du nom, le public, est sans doute vivement en peine de ne plus entendre parler de nous.

Je m'empresse de répondre à une impatience si flatteuse pour le jeune comte Jaubert et pour moi.

Une seconde promenade que j'exécutai trois jours après la première, et avec la même popula- rité de succès, dans les quartiers St-Honoré et des boulevarts, se termina, hélas par une saisie Mes portraits, déclarés attentatoires à la morale publique prirent le chemin de la préfecture. Il fallait avant tout les en tirer, de là mon silence depuis une quinzaine ; enfin j'ai réussi. Vite aux explications.

J'en éprouve le besoin ; car ma démarche a pu être mésinterprétée. Je dois exposer les motifs qui m'ont fait adopter un mode tant soit peu bizarre pour le placement de mes productions.

Le public qui, naguère, m'a prodigué sur mon passage , tant de marques de bienveillance et de gaité simpathique , ne refusera pas quelques momens d'attention à un honnête homme qui, froissé dans ses intérêts et sa dignité , s'adresse à son tribunal.

Je n'ai point cherché à faire du scandale, ni à spéculer sur la diffamation , mais je n'ai pas voulu , humble artiste, me laisser fouler aux pieds d'un homme riche et puissant , qui prétendait user de sa position pour me traiter avec comme insolence et injustice.

Ma conduite en tout ceci est bien odieuse , vous allez en juger.

En 1807 , j'étudiais la peinture dans l'atelier de David, qui m'honorait d'une amitié sincère, lorsqu'éclata le vaste incendie de Spa, lieu de ma naissance. Je perdais beaucoup à cet évenement funeste ; mon excellent maitre prit une grande part à mon infortune, et s'efforça de me consoler. Il entreprit pour moi de nombreuses démarches, et apprenant que M. Micou, préfet de mon département, se rendait à Paris, il s'empressa de me présenter à lui dès son arrivée.

M. Micou nous accueillit parfaitement (qui aurait mal reçu David à cette époque ?) et m'offrit presque des secours..... Ce n'était pas notre but, mon travail pouvait me suffire. Nous lui fîmes comprendre que je désirais uniquement la commande de quelques tableaux. Il nous promit de s'en occuper, et tint parole.

Je dus à ses bons offices, et au certificat qu'y joignit David (note A; voir à la fin), la commande de deux tableaux pour la cathédrale de Saint-Paul à Liège. Ils ont fait partie de l'exposition du Louvre en 1812, et figurent actuellement au lieu de leur destination.

M. Micou, dont la nièce avait épousé M. Jaubert, frère du gouverneur de la Banque, m'introduisit dans cette famille.

M. le comte Jaubert me fit faire plusieurs portraits ; me payait bourgeoisement ; je m'en contentais ; il me témoignait beaucoup de considération et de confiance ; j'étais enchanté de ses procédés. C'est tout pour un artiste.

Sa belle sœur, Madame Jaubert, née Micou, mère du jeune Député doctrinaire, aimait beaucoup les arts, ainsi que les artistes ; elle me comblait de bontés ; j'y répondais par une complaisance excessive ; car la bonne dame était un peu exigeante, capricieuse. Du reste, la bourse de Madame Jaubert étant toujours épuisée par ses inépuisables fantaisies, les avantages que j'ai retirés de sa protection se bornent à des politesses, envers lesquelles je me tiens pour largement acquitté.

Je me trompe, je lui dois encore la commande des cinq tableaux de famille dont le paiement m'est aujourd'hui dénié par son fils, qui les rejette sur la place publique, exposés à la risée de tous, et à servir d'enseigne à la porte d'un cabaret.

Ici commence notre affaire.

Cinq tableaux me furent donc demandés par la famille ; les quatre premiers se trouvent fidèlement désignés dans l'article du *Corsaire*, le cinquième est le portrait de M. Guédan, médecin des eaux de Spa, que j'ai dû traiter avec plus d'égards (note B.).

Le jeune comte Jaubert affecte de jeter un doute sur la réalité de cette commande. On croira difficilement que je me sois amusé à peindre de moi-même toute une famille, qui n'offrait guère un sujet d'étude sous le rapport de l'art. M. le comte Jaubert, bien fait de sa personne, comme son neveu, n'avait pas absolument les proportions d'un Apollon ou d'un Hercule; et Madame Jaubert Micou, jolie femme sans doute, n'aurait pas soutenu, cependant, la comparaison avec nos modèles. Pourquoi, diable! aurais-je donc peint quatre Jaubert? Mais je puis invoquer d'ailleurs des témoignages honorables. Mes occupations dans la famille Jaubert avaient acquis une sorte de notoriété que je saurais constater encore. Enfin, ce qui suppose le consentement des parties intéressées, ces portraits sont peints *d'après nature*, sauf celui de M. Jaubert père, mort à l'expédition d'Égypte, pour lequel sa veuve me *confia* : une minature, un buste en marbre par Rutxhiel, une petite gravure d'après J. Vernet, et de plus m'aida de ses lumières conjugales.

Jusqu'ici tout me souriait dans la famille Jaubert; c'était pour moi un paradis. Un abbé vint, qui changea mon paradis en enfer.

C'est M. l'abbé Jaubert, deuxième oncle du jeune comte, et évêque de Saint-Flour.

L'abbé Jaubert était un digne éclésiastique ; comme tant d'autres, il aimait le repos et les plaisirs, préférait la bonne chère aux austérités du jeûne, le monde à la retraite, les brillans salons de la capitale aux rudes montagnards de son diocèse ; comme tant d'autres, il recherchait les commodités de la vie, faisait plus de dettes que d'aumône, fuyait le chevet d'un mourant pour celui d'une jolie femme ; esprit mesquin, faux, tracassier, rampant, vindicatif ; nourri dans la pratique des vertus chrétiennes, il voulut absolument se soustraire, par excès d'humilité, aux honneurs du martyre que la reconnaissance de ses ouailles lui décernait un jour. Ce bon prélat cherchait une fin plus conforme à sa vie : Il mourut d'indigestion.

L'abbé devenait un sujet de désolation pour la famille. Mollement hébergé dans le palais de la banque, il s'y croyait évêque *in partibus*, et n'en voulait sortir. La famille s'assembla en conseil, pour vaincre cette obstination évangélique, et contraindre l'abbé à résider ; ce que rendaient encore plus urgent des travaux commencés par lui, et que laissait en suspens son absence.

Nous touchions à juillet 1813, les bienheureux portraits avaient achevé de me mettre dans l'intimité de la famille. J'étais conseil, ami, confident. L'abbé se résignait en rechignant; lorsque M. le comte Jaubert me fit appeler, et

Me tint à peu près ce langage :

Mon cher Tahan, nous avons tous pensé à une chose; il faut que vous vous décidiez à accompagner mon frère dans son diocèse. Nous voilà dans la belle saison, etc. (suit la nomenclature des avantages), dans trois ou quatre mois vous aurez fini à Saint-Flour, vous reviendrez, toute la famille vous en saura bon gré. Vous serez reçu chez moi comme un de mes neveux. Allons, mon cher, je compte là dessus. Vous ne me refuserez pas, j'espère.

Comme ces grands seigneurs, quand ils ont besoin de nous, pauvres diables, ont de belles paroles ! J'y fus pris; je promis tout ce qu'on voulut. Aujourd'hui j'aurais plus d'expérience.

Bref, mes affaires arrangées, j'offris de livrer les portraits, qui furent agréés. Seulement quelques observations de détail me furent faites. Comme il devenait pressant d'expédier l'abbé, on convint que j'y retoucherais à mon retour, et en recevrais le prix alors. C'est ce prix que je reclame encore. Mon obligeance a été payée, Dieu merci ! comme elle le méritait ; c'est trop juste. Qui diable me poussait à obliger un abbé !

Oh ! je ne m'en plains pas : je fus un sot ; je n'ai pas d'excuses. Je connaissais l'abbé, d'ailleurs, et savais quel fond je pouvais faire sur sa *mémoire du cœur*. Peu de tems avant mon départ un événement, ou plutôt un avertissement du ciel, aurait dû me désiller la vue. Voici comme la chose se passa.

Un pauvre domestique, nommé Lapierre, en faisant le ménage de Monseigneur, trouva un rouleau de 25 louis dans un vieux meuble de la salle aux *audiences secrètes*. C'est un cabinet où le revérend prélat recevait les personnes qui venaient reclamer quelques faveurs apostoliques, comme dispenses de mariage entre cousins, neveux et tantes ; dispenses du service militaire pour entrer dans la prêtrise ; et autres dispenses dont vous me dispensez. Grande fut la joie du bon Lapierre, à cette occasion de montrer sa probité. Déjà il entrevoyait l'espoir d'une récompense. D'un bond il arrive au salon où l'abbé se trouvait en compagnie, et lui raconte sa découverte. L'abbé fronça le sourcil, parut fort contrarié, mit l'or dans sa poche, et renvoya le malheureux avec sa bénédiction pour tout potage. Elle eut de bien tristes effets. Le soir même on retira la soupe économique à la famille du fidèle valet, composée de cinq à six personnes. Bientot après Lapierre fut congédié, malgré ses prières, à l'entrée de la mauvaise saison.

J'étais donc sur mes gardes; Lapierre devait m'avertir. Parfois j'y songeais, mais j'espérais pouvoir, comme la cigogne, retirer mon cou sans injure.—Fatale erreur! il parait qu'un loup vaut encore mieux qu'un abbé.

Je partis donc, sans engagement écrit, ni convention verbale d'aucune sorte; en véritable artiste, en fou. Le voyage se passa à merveille, si ce n'est que Monseigneur, grand admirateur de Cervantes, me détailla le roman de Don-Quichotte tout le long de la route C'était sa manie; un jour il commença un sermon par trois proverbes. J'aime fort Don-Quichotte; mais je ne me souciais pas de l'apprendre par cœur, en descendant à St-Flour, je répétais avec Sancho: Tant va la cruche.... oh oui! dans cette affaire, la cruche c'était bien moi.

Le lendemain je m'occupai de la reprise des travaux. Dès qu'on sut que je m'en mêlais, il me tomba sur les bras une nuée d'ouvriers, qui, pour à compte de leurs mémoires, n'avaient eucore touché que des promesses. J'arrangeai les choses de mon mieux, mais non sans peine On me mit au courant de tout. Que de sottises j'appris! Que de criantes injustices! bref, j'intervenais sans cesse, je servais de bouclier à l'abbé; je le tirai d'embarras. Il m'en a toujours voulu.

Les travaux marchaient, j'essayai de reprendre mes pinceaux; mais j'étais constamment dérangé par la surveillance que je continnais aux affaires de l'église. Je n'avais plus qu'une pensée, d'en finir à mon honneur et au plus vite, afin de sortir du gouffre où je m'étais imprudemment laissé choir.

Nous gagnâmes ainsi la Toussaint, où l'évêque nous quitta pour retourner dans la capitale, fort joyeux du changement, et surtout de me laisser seul dans le bourbier à sa place.

Pour lui d'ailleurs la position n'était plus tenable. Le chapitre l'abandonnait, le mécontentement des ouvriers ne connaissait plus de bornes; une crise devenait éminente. Il jeta les yeux sur moi pour la conjurer. Il se rapprocha de moi, avec une nouvelle ferveur d'amitié et de confiance ; reconnut ses torts à mon égard, m'éblouit de nouvelles promesses, et partit.

Le moment de son départ faillit amener la catastrophe qu'il avait à cœur d'éviter. Une population exaspérée s'ameuta sur son passage ; c'était, comme aux beaux jours de l'église, une lapidation qu'elle prétendait exercer sur ce pieux successeur des apôtres ; déjà les palmes du martyre voltigeaient autour de sa tête sous la forme de cailloux de six à huit onces. Une telle aventure eut été assurément bien propre à ranimer la foi en Europe ; mais l'abbé refusa obstinément de donner cette consolation aux bonne âmes. Il n'était pas né avec une vocation aussi primitive. Peut-être ne se sentait-il pas en état de grâce. Touché de sa frayeur , je le protegeai de tous mes efforts, aux dépens de mes poumons et de mes épaules. Il s'échappa, et ne me l'a jamais pardonné. Le saint homme !

A son retour dans sa famille, il n'eut rien de plus pressé que de lui dire du mal de moi ; il me représenta sous les couleurs les plus odieuses, me noircit avec une onction toute épiscopale ; précisément tandis que je travaillais pour lui.

Le chapitre cathédral de Saint-Flour, pré-
sidé par M. de Rochebrune grand vicaire, me
traita beaucoup mieux que mon protecteur.
Ces Messsieurs m'aidèrent à sortir d'embarras,
me payèrent ce qu'ils reconnurent me devoir,
me donnèrent des travaux et me comblèrent de
politesses. Nouveau sujet de déplaisir pour
l'évêque, à qui je dus encore adresser quelques
réclamations, qu'il ne voulut point admettre.
Ne me souciant pas d'abandonner mon droit aux
caprices d'un tel homme, je tentai la voie légale
où je succombai. Il n'y a rien d'étonnant à cela,
je luttais contre le pot de fer et n'étais toujours
que la cruche.

Toute la famille, révoltée de ma sacrilège
audace, me voua pour jamais à l'exécration.
Madame Jaubert Micou (redevenue Madame
Micou par son mariage avec son oncle,) Madame
Jaubert-Micou-Micou, donc, mère du jeune
comte, laquelle m'honorait depuis long-tems de sa
correspondance, (correspondance tout amicale)
et était jusque là demeurée étrangère à nos
débats, m'écrivit soudain une lettre fulminante
de colère et d'injures, et me signifia la rupture
la plus formelle qu'on pût imaginer.

Dieu soit loué! le succès surpassait mon attente. Pour cette fois, je maudis cordialement le bon évêque! sans avoir compté sur ses promesses, je n'espérais pas que son ingratitude irait si loin. Dans un premier mouvement de chagrin et de colère, je répondis à la baronne Micou sur le ton de sa lettre, et lui renvoyai toutes les siennes.

Ce fut encore une étourderie; que voulez-vous? il était écrit que dans cette histoire je ferais des sottises jusqu'au bout.

De Saint-Flour je me rendis dans différentes villes du midi de la France, où je trouvai des travaux honorables, des amis bienveillans et des *protecteurs* plus utiles que les Jaubert. Satisfait de mon sort, je ne songeai plus à Paris.

Voilà comment mes portraits ne furent pas livrés. On eut la délicatesse de ne pas les demander. J'étais d'abord trop mécontent pour faire à cet égard la première démarche. Dans la suite, mes occupations en province, ainsi que les évènemens politiques de 1814 et 1815, effacèrent la famille Jaubert et ses procédés de ma mémoire; j'aurais mauvaise grâce de m'en plaindre. Mais je perdis de vue les cinq tableaux, que j'avais laissés à Paris, dans l'atelier de mon ancien ami et camarade Blondel.

En mai 1831, revenant à Paris après 18 années, je me trouvai à la tête d'une collection de portraits fort intéressante pour moi, et qui me rappelait des souvenirs bien chers; un peu embarrassé d'abord de la trouvaille, je crus devoir envoyer l'honorable famille au jeune comte Jaubert, son représentant et héritier. Touchante entrevue. Le jeune comte aurait daigné, sans doute, accueillir les personnages, si on n'avait eu l'indiscrétion de les lui présenter accompagnés du mémoire. Mais plein du sentiment de sa naissance, il méconnut ses parens en si mauvaise compagnie, ou, tout, au moins, leur ferma la porte au nez. Il est écrit quelque part, qu'un gentilhomme déroge quand il paie les dettes de son père; le jeune comte est un homme instruit, il entend les priviléges de sa charge.

Vainement j'écrivis plusieurs lettres, je rappelai les faits à son souvenir, j'employai mes amis; il fut inexorable. Mais je me trompe, inexorable n'est pas le mot; il fut d'une insolence sans égale, et c'est ce que je n'ai pas voulu souffrir. J'aurais souffert encore qu'il me refusât le paiement des portraits de sa famille; cela ne m'aurait pas beaucoup surpris, j'étais fait aux belles manières de son oncle. D'ailleurs ne comptant plus sur ces tableaux, je n'aurais pas regretté là une grande perte; peut-être en aurais-je échauffé une soirée d'hiver, pour en tirer quelque profit; et après tout, satisfait de voir que rien ne dégénérait dans cette noble maison, j'aurais gardé tranquillement pour moi, suivant l'usage, le travail et les peines, sans mettre le public dans le secret de mes bonnes fortunes.

Mais je n'ai pas dû souffrir que le jeune comte laissât mes lettres sans réponse et s'exprimât sur mon compte, devant les personnes que je chargeai de le voir pour cette affaire, dans les termes les plus offensans. Je respecte infiniment, avec toute la France, M. le comte Jaubert, député ministériel et doctrinaire; mais je ne lui accorde pas le droit de me traiter de malhonnête homme. Je repousse de telles paroles avec toute mon énergie, avec une profonde indignation; peu m'importe que l'injure n'ait pas été publique; on n'a le droit de la proférer devant personne. Je n'entends rien aux manœuvres discrètes; jusqu'ici un silence absolu enveloppa mes griefs contre cette famille, mais puisqu'on me force à me plaindre, je ne me plaindrai qu'à haute voix.

Deux lettres étaient restées sans réponse; je voulus contraindre le jeune comte à cesser un mode de correspondance aussi dédaigneuse. Un de mes parens, M. L., le visita de ma part. La réception fut brusque et cavalière; mon nom jeta M. Jaubert dans un noble accès de frénésie, et provoqua chez lui un débordement d'éloquence qui sentait moins le forum que le coin de rue. Les nombreuses invectives que sa fougue oratoire lui inspira sur mon compte, se réduisent à peu près à ces divers points :

1° *Que j'ai payé de la plus noire ingratitude les bienfaits et honneurs dont m'a comblé sa famille.*

On a vu par ce qui précède toute l'étendue de mon crime; d'abord, les avantages réels, pécuniaires, que j'ai retirés de mes relations avec les Jaubert, ont peu chargé ma bourse et ma conscience.

Quant aux bons procédés et témoignages affectueux, ils ont été pour le moins réciproques, et je crois mes comptes bien balancés à cet égard. Tel n'est point l'avis de l'honorable député du centre.

Il partage, sans doute, une erreur assez généralement répandue parmi les grands seigneurs comme lui, sur la valeur de la protection qu'ils daignent accorder aux artistes. Ces messieurs ont grand besoin d'une leçon que ma tête grise et mon expérience me permettent de leur donner.

Il est des grands seigneurs (on entend par là aujourd'hui quiconque a 100,000 livres de rente) qui estiment beaucoup les artistes, qui les recherchent, les accablent de prévenances, les attirent à leurs réunions, les invitent à leurs diners. Savez-vous le but de toutes ces caresses ? Ils prétendent nous utiliser pour faire les honneurs de leurs fêtes, rien de plus ; malgré le cas qu'on fait de la richesse, ils ont vu que dans un salon un homme d'esprit représente mieux qu'un banquier. Aussi nous figurons là comme décorations obligées, comme les lustres du bronzier, les banquettes de Darrac, l'orchestre de Musard ; on nous paye en salutations, poignées de main, gracieux sourires. Le marché est bon pour des gens qui calculent, et ils sont tous calculateurs. Pour nous, faciles à éblouir, nourris d'illusions et de fumée, nous ne regardons point au fond des choses, prenant pour amitié solide et réelle bienveillance, ce qui n'est qu'artifice, jonglerie et calcul. Mais qu'une occasion se présente, où un étourdi demande à ces puissans personnages de lui payer, par leur appui, les heures perdues à leurs soirées. Une sèche et froide politesse l'éconduira à l'instant même, et lui fera sentir la distance qui nous sépare.

En vérité je suis un monstre d'ingratitude,

2° *Que je suis une mauvaise tête.*

L'expression ne m'afflige guère et n'infirme pas
mon droit. On n'entend pas, par mauvaise tête,
celui qui cherche par tous les moyens à faire
triompher une cause injuste, mais plutôt celui
qui se révolte contre l'injustice, et qui ne veut
pas la subir. C'est en effet ce qui m'arrive; je
ne me laisse pas écraser par le jeune comte,
comme il s'en flattait d'après la différence de nos
positions. Cela est épouvantable.

Mauvaise tête, il se peut donc; en tous cas, ce
reproche va mal avec celui d'ingratitude. On
connaît le proverbe : Mauvaise tête et bon cœur.
A ce compte, le jeune doctrinaire peut en parler
à son aise, il ne risque rien ; il doit posséder la
meilleure tête du royaume, sans contredit.

*3° Les tableaux n'ayant point été livrés en tems
utile, ni commandés par le jeune comte, on ne sau-
rait obliger celui-ci à les recevoir. Il y a prescription.*

C'est ici mon faible, je le reconnais; l'argu-
ment est bon. Je m'y serais soumis sans sonner
mot, s'il n'eût été le chapitre des complimens. Il
y a en effet, dans le code, un traité de la prescription. Il ne parle pas positivement des portraits de famille; mais raisonnons par analogie,
si quelque dix ans après la mort de votre père,
un marchand vous présentait une paire de lu-

nettes ou de pantoufles commandées par le dé-
funt, vous renverriez l'homme à son comptoir,
code en main ; j'en userais de même à votre
place. Quelle différence aux yeux de la loi, du
public, d'un fils, entre une pantoufle et un portrait ? Pas la moindre. J'arrive trop tard, comme
le bottier. Comme au bottier on me dit : Porte
ailleurs ta marchandise. Malheureusement ce
n'est pas aussi facile; je m'en occupe cependant.

Oui, Oui, la prescription me condamne, elle
s'applique à toutes les obligations; à plus forte
raison aux sentimens de la nature, qui pour
bien des gens, ne sont des obligations d'aucune
nature. Pour faire son chemin, M. Jaubert n'a
pas besoin du portrait de son père. Il me le
laisse sur les bras ; rien de plus conforme aux
convenances et à l'équité.

4° Enfin toutes mes réclamations ne sont qu'un
amas d'imposture et de jonglerie.

Je renvoie ces paroles à celui qui les a pro-
férées. Pour y répondre, je livre l'examen d'une
vie de travail et d'honneur.

Je souhaite qu'au terme de sa carrière le
comte Jaubert puisse lever un front aussi pur,
que ce vieillard dont il croit flétrir impunément
le nom.

Et lorsqu'à mon appui, j'invoquai les témoignages les plus honorables (*c*), des noms d'artistes bien connus, le jeune comte, dans sa colère arrogante, aveugle, insensée, n'hésita pas à les comprendre dans son indigne accusation.

Jonglerie ? Ce reproche va bien à certaines gens.

Et comment appellerai-je les promesses de cette famille qui, pour l'obliger, me fait courir à deux cents lieues ? Et les procédés de ce bon évêque ? Jonglerie ! Entre un artiste et un Jaubert, grand dieu !

Mais le public jugera entre nous.

Quant aux portraits qui me restent et dont je tiens absolument à me débarrasser, ils seront vendus au profit des détenus politiques ; c'était le seul moyen de donner encore quelqu'utilité à tous ces Jaubert, chose difficile, à dire d'expert.

Une telle destination conviendra parfaitement d'ailleurs aux exploits politiques du jeune comte ; les Jaubert seront comme la lance d'Achille ; ils guériront les plaies qu'ils ont ouvertes.

TAHAN.

Paris , **22** *juin* **1833.**

Pour rendre la vente plus productive , elle se fera par le moyen d'une loterie ; les numéros gagnants seront désignés par les tirages de la roue de Paris , des 15 et 25 août prochain.

Prix du Billet : 25 centimes.

On trouvera les billets au cabinet littéraire , rue de Choiseul, n° 12 , ou les tableaux sont déposés, et seront délivrés aux gagnants.

Notes.

—◆—

Paris 26 Mai 1833.

Monsieur,

(a) Dans votre numéro de ce jour, vous avez fait mention de l'exposition publique des Portraits de la famille Jaubert, faite aux environs de la chambre des Députés, c'est à moi, Monsieur, que ces portraits avaient été ordonnés par M. le comte Jaubert, de concert avec Mesdames Jaubert Micou, mère du Député, et Daigremont, sa tante.

Se composant des objets ci-dessus en voici la note.

N° 1. Portrait de M. le comte Jaubert, ancien gouverneur de la Banque de France, conseiller d'état à vie et oncle du Député, et peint d'après nature.

N° 2. *Idem* Copie.

N° 3. Portrait de M. JAUBERT son frère, mort à l'expédition d'Égypte, peint d'après une miniature,
un buste en marbre par Rutehielle, une gravure d'après Joseph Vernet pour servir de fond
et avec le secours des conseils, instructions,
observations de Madame MICOU, mère du
Député et veuve du personnage représenté.

N° 4. Portrait profil en buste de Madame JAUBERT,
morte Baronne MICOU, mère du Député.

(*b*) Parmi ces portraits refusés par l'héritier, j'ai retrouvé
celui de M. Guedan, ancien médécin des eaux minérales
de Spa, lequel portrait fut également commandé par
Madame Daigremont, tante du Député.

Par respect pour la mémoire d'un savant distingué
et par reconnoissance des bienveillans accueils qu'il n'a
cessé de me faire, je n'ai pas voulu le promener par les
rues et places publiques avec les autres, je le conserve
soigneusement, et prie M. Guedan ou Messieurs ses
héritiers de m'adresser franc de port leurs titres, j'aurai
l'honneur de leur faire la remise du portrait.

J'ai l'honneur d'être monsieur votre serviteur,

TAHAN.

A M. le rédacteur de la Tribune.

CERTIFICAT DE M. DAVID.

Je certifie avoir vu l'esquise du tableau que M. TADAN se propose de faire, elle représente, *Saint-Lambert éprouvant un miracle du ciel.*

Je puis assurer que j'en ai été bien satisfait, et qu'elle annonce beaucoup de disposition de l'artiste qui l'a conçue, il serait bien à désirer qu'il put trouver des protecteurs qui l'encourageassent, et qui l'aimassent autant que moi, alors je ne douterais pas, que nos efforts réunis n'en fissent un bon peintre.

C'est dans cette confiance que je lui donne le présent certificat.

Signé.   DAVID premier peintre de S. M. l'Empereur et Roi, officier de la Légion d'Honneur, membre de l'Institut de France.

NOTE RELATIVE AUX ARTISTES.

Messieurs les artistes rejetés par JAUBERT comme capable de concert avec moi de créer des jongleries, sont MM. Royere, sculpteur et propriétaire, rue des Filles du Calvaire, Blondel, Abel de Pujol, Droling, Rutchielle, Delanœ, etc.

N. B. Blondel en qualité d'ami sincère et encore de bon voisin, avait eu l'honnêteté de retirer et conserver pendant plusieurs années, mes divers objets dont ces portraits des JAUBERT faisaient parties.

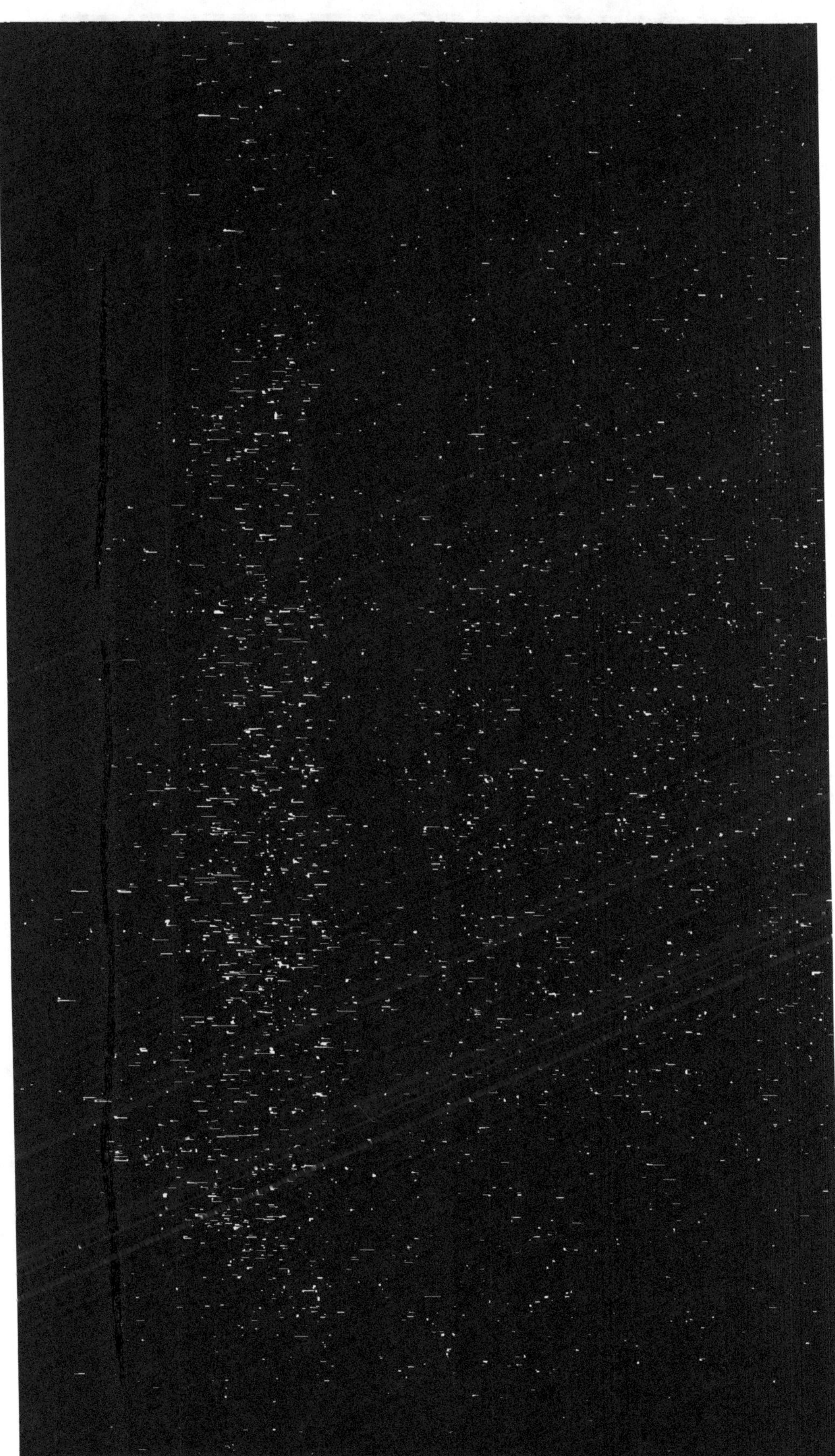

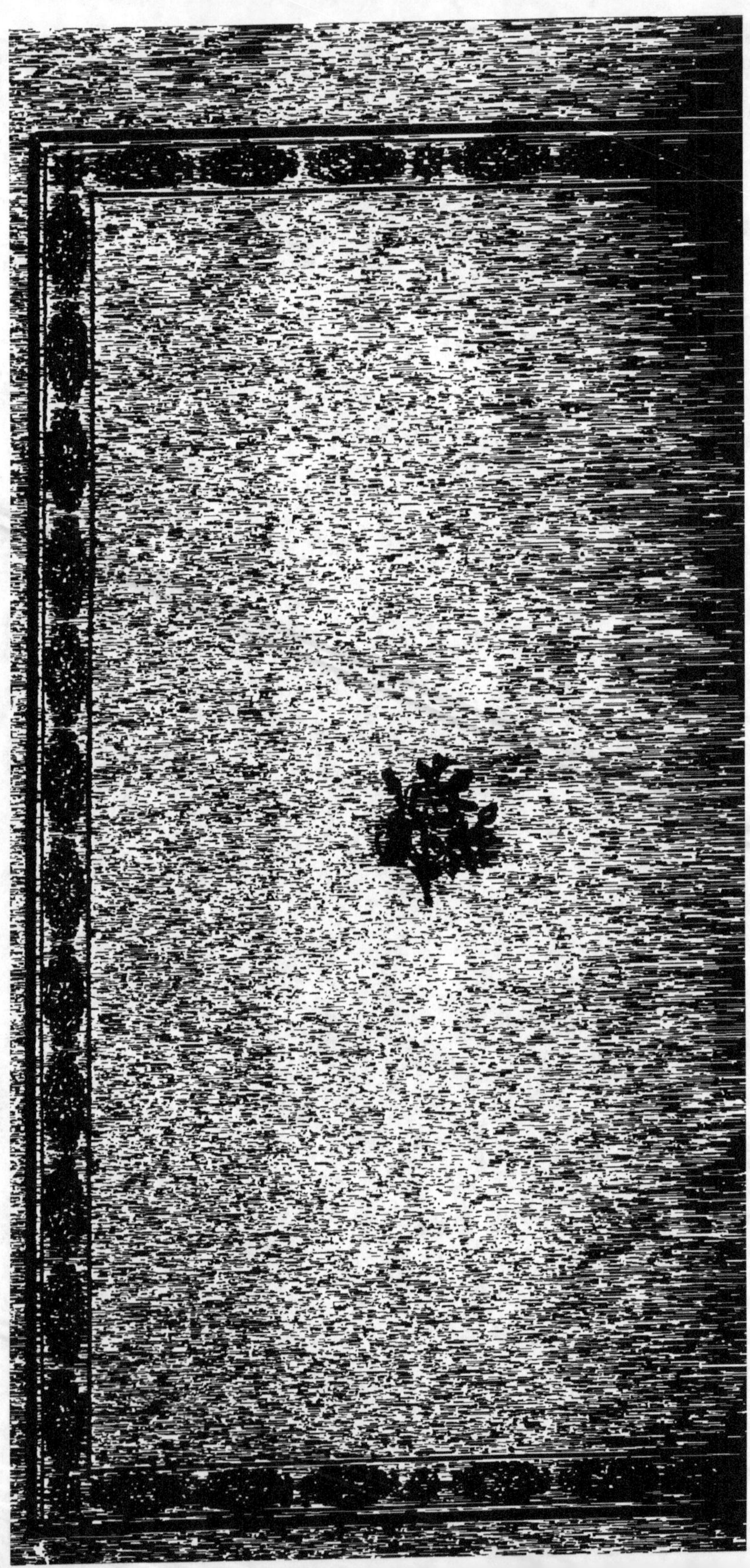

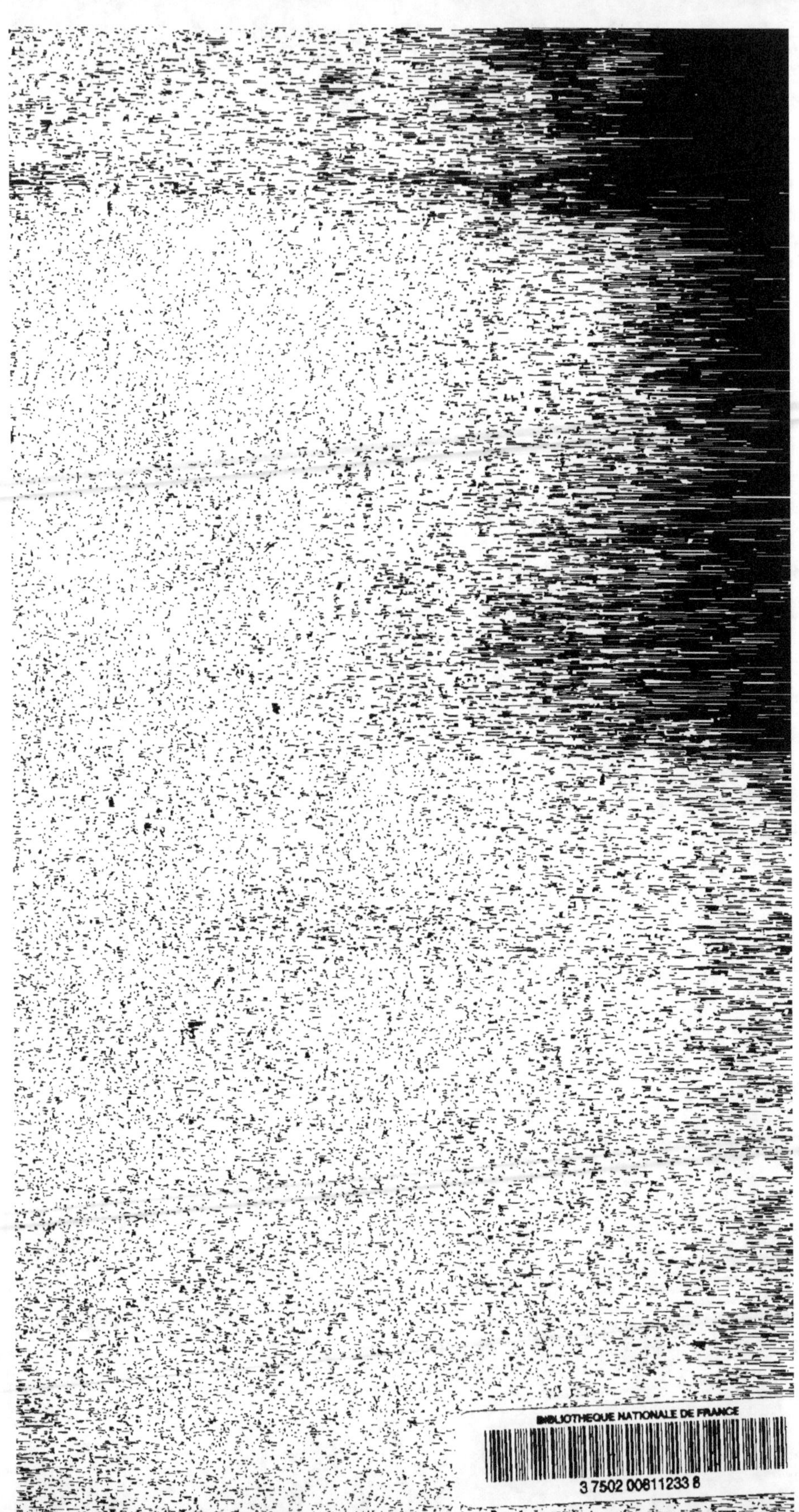